AF561110

Vd. 713.

MOYEN
DE CONSTATER
L'ETAT CIVIL
DES PROTESTANS.

DROITS ET DEVOIRS DES CURÉS À LEUR ÉGARD.

Par M. DU CLOSEL D'ANNERY, Écuyer, Avocat en Parlement.

A GENEVE.
Chez les Manyet & Compagnie.

15 Décembre 1787.

Ld[176] 713

On trouve chez les mêmes Libraires le *Bon Citoyen* ou l'*Impôt Territorial*, & les *Loisirs de Libanius*, *Poëme philosophique*.

Ouvrages du même Auteur.

MOYEN

DE CONSTATER

L'ETAT CIVIL DES PROTESTANS.

IL n'eſt point d'acte plus intéreſſant, que ceux qui concernent la naiſſance, le mariage & la mort.

Par la naiſſance, nous acquérons le droit de cité & de famille.

Par le mariage, nous aſſurons l'état de nos enfans; & par la mort nos biens ſont dévolus à nos héritiers.

Il me ſemble donc qu'il ſeroit à deſirer qu'il n'y eût qu'un même dépôt pour tous les actes de naiſſance, de mariage, de ſépulture, & que ce dépôt ne pût être fait que dans les regiſtres de chaque Paroiſſe.

A Dieu ne plaiſe que je veuille dépouiller les Miniſtres Proteſtans de leur

Jurisdiction, ni imposer aux Curés l'obligation de baptiser, marier, enterrer des Infideles ou des Hérétiques !

Mais un Curé est autant & plus le Ministre de l'Etat, que celui de l'Eglise ; il réunit en sa personne une mission de J. C., pour conférer les Sacremens, & un caractere légal, pour recevoir, rédiger & garder tous les actes relatifs à la filiation, au mariage ou à la mort des citoyens.

Pourquoi ce caractere seroit-il nul à l'égard des Infideles ou des Protestans ; pourquoi les titres de leur état ne seroient-ils pas consignés dans les mêmes registres que ceux des Catholiques : il me semble que plusieurs raisons décisives invitent le Gouvernement à laisser aux seuls Curés le droit d'être les Rédacteurs & les Gardiens de tous les actes relatifs aux mariages, naissances & sépultures.

J'en ai déjà fait pressentir quelques-unes, je vais parcourir les autres succinctement.

Avantage de consigner dans les regiſtres curiaux tous les actes qui concernent la naiſſance des citoyens.

Les archives d'un Curé forment un dépôt toujours ouvert, où chacun peut ſe conſulter, &, par la confrontation des généalogies qui y ſont rapprochées, reconnoître plus facilement & la ſouche commune des familles & leurs différentes branches.

Les regiſtres baptiſtaires, paraphés par le Juge, ont la plus grande authenticité; réunis dans les Greffes des Bailliages royaux, leur enſemble offre une collection complette, qui néceſſairement préſente de plus grandes lumieres.

Ce dépôt d'une double minute de leurs regiſtres, que les Curés ſont obligés de remettre aux Greffes, en garantit l'inaltérabilité, & raſſure les familles contre les dangers d'un incendie (1); car il eſt bien rare que le feu puiſſe dans la même année conſumer à la fois les deux mi-

(1) Les Juifs, à l'époque de la peſte qui ravagea la Provence, perdirent à Avignon tous les titres de leur état.

nutes des regiſtres curiaux, toujours dépoſés & dans les Archives de la Sacriſtie & dans le Greffe d'un Bailliage royal.

La proſtitution, l'abandon des enfans, ſi communs dans les villes, ſont très-rares au village; la néceſſité de préſenter l'enfant au Curé en impoſe, même à la mere dénaturée : le Paſteur, à-la fois ſévere & compatiſſant, exige preſque toujours que la mere expie ſa faute en allaitant elle-même ſon enfant, cet ordre eſt exécuté d'autant plus ſûrement, qu'il eſt ſouvent accompagné de ſecours temporels.

Le Miniſtre proteſtant, dira-t-on, aura la même charité; je n'en doute pas, & je réponds qu'alors la nation ſe félicitera de ce que, dans cette ſurveillance reſpective, dans ce zele commun des Miniſtres Catholiques & Proteſtans, les mœurs trouveront un nouvel appui, le libertinage un double frein.

Avantage de conſigner dans les regiſtres curiaux tous les actes de mariage.

Les mêmes raiſons militent en faveur des actes de mariage; mais, comme ces actes ſi importans exigent plus de formalités, plus de précautions, l'intervention & le ministere d'un Curé y sont encore plus nécessaires.

La publication des bans, faite dans les Eglises paroissiales, est de tous les préservatifs le plus sûr qu'on ait opposé jusqu'à ce jour à la clandestinité des mariages, préservatif qui seroit encore plus efficace, si l'obtention des dispenses n'étoit pas si facile : il est donc essentiel qu'aucun mariage ne puisse être contracté sans cette publication préalable, faite dans chaque Paroisse.

Les différentes oppositions qu'on peut faire au mariage sont quelquefois si odieuses, & souvent si nécessaires, que le bien public demande qu'elles ne soient remises qu'entre les mains d'un citoyen notable, éclairé, également incapable ou de laisser former l'association conjugale malgré une opposition légitime, ou de se prêter à d'injustes obstacles par des délais concertés.

Enfin la sanction irrévocable de l'union des deux époux est si importante, qu'elle ne doit être permise & constatée que par un Ministre dont la prudence déjà éprouvée, dont la dignité dans l'ordre hiérarchique, dont le bénéfice forme autant de cautions, que ce Ministre ne commettra aucune faute essentielle dans une matiere aussi décisive.

Avantage de l'inspection des Curés sur tous les malades de leurs Paroisses, & nécessité de faire consignér dans les registres curiaux tous les actes de sépulture.

Sans doute qu'un Curé, comme Ministre de l'Eglise, doit s'acquitter de plusieurs fonctions, soit pour les sépultures, soit avant ou après ces actes funéraires: Magistrat spirituel de sa Paroisse, il fait en cette qualité administrer les Sacremens aux Fideles malades, inhumer les morts dans les Eglises ou cimetieres, & célébrer pour eux les offices accoutumés.

Mais, dans les circonstances d'une mort ou d'une maladie, un Curé a d'autres devoirs à remplir, devoirs dont il est comptable à la Patrie, devoirs qui concernent également les Citoyens & les Etrangers, les Chrétiens & les Musulmans.

Un Curé doit veiller à ce que tous ceux qui résident dans sa Paroisse, de quelque religion & de quelque pays qu'ils soient, ne manquent, pendant leur maladie, d'aucun secours ; à ce que nulle personne ne soit enterrée sans une véritable certitude que la mort a été naturelle, à ce qu'enfin toutes les morts de leurs Paroissiens soient légalement constatées & inscrites sur des registres authentiques. Et comment un Curé pourra-t-il s'acquitter de ces obligations, qui, quoique civiles, ne sont pas moins importantes, s'il n'étoit pas chargé de vérifier & d'attester la mort de toutes les personnes décédées dans sa Paroisse?

D'ailleurs, peut-on se faire illusion sur l'utilité des charités abondantes, chaque jour répandues par les Curés dans la maison des malades : un grand nombre de peres de famille n'ont dû & ne doivent la conservation de leurs jours qu'à ces secours multipliés que l'importunité d'un Pasteur peut seule obtenir de l'inaccessible opulence, secours rarement accordés par la bienfaisance, mais presque toujours, ou répandus par le desir de se faire une réputation de générosité, ou donnés par l'espoir de racheter, au moyen de quelques aumônes, les crimes d'une vie dissolue.

Dois-je ajouter que les visites du Curé

en impoſent à la trop avide cupidité des héritiers, que la crainte de l'indignation publique, des pourſuites de la Juſtice, ſi le Curé étoit témoin de quelques mauvais traitemens, s'il voyoit un père, une mère, une femme, des enfans délaiſſés, privés des ſoulagemens néceſſaires, s'il découvroit les ſymptômes d'une mort précoce ou violente; dois-je ajouter que cette crainte ſalutaire chaque jour empêche des malheurs & des crimes qu'il vaut mieux prévenir que punir.

Le bien public, l'utilité, la sûreté générale ſe réuniſſent donc pour inviter le Gouvernement à ordonner qu'il n'y aura à l'avenir dans chaque Paroiſſe qu'un même dépôt pour conſtater la naiſſance, le mariage & la mort des citoyens, qu'un même Miniſtre pour rédiger ces actes importans, & qu'un même Paſteur pour oppoſer un frein ſalutaire à l'expoſition des enfans, à la clandeſtinité des mariages, à l'abandon des malades, à tout eſpèce d'attentat ſur les jours du citoyen.

Moyens de faire constater par les Curés la naissance des Infidèles ou des Protestans.

A peine un enfant est-il né, que les pères & mères doivent le présenter à la famille, à l'Eglise, à l'Etat, le faire reconnoître par la famille comme parent; baptiser par le Curé comme Chrétien, inscrire par le même Curé comme citoyen sur les registres de son lieu natal.

Les parens s'acquittent de ce devoir par le choix d'un parrein & d'une marreine, par la présentation de l'enfant aux fonts baptismaux, & par la déclaration qu'ils font & le certificat qu'ils donnent au Curé sur cette naissance.

Ainsi le Curé, comme Ministre de l'Eglise, baptise l'enfant; comme Ministre de l'Etat, il constate sa naissance; deux opérations entièrement différentes.

Le caractère nécessaire pour faire l'une, émane de l'Eglise; le pouvoir requis pour l'autre, émane du Prince. Le Curé en baptisant un enfant remplit une fonction spirituelle & donne un Chrétien à l'Eglise; mais en recevant, en signant la déclaration des parens, il s'acquitte d'une obligation purement civile, exerce un ministère qui lui a été confié par le Souverain, & ne fait que constater la légitimité, la parenté, la patrie du nouveau né.

Les Curés devroient donc seuls être nommés par la loi pour recevoir la déclaration des Protestans, & même des Juifs, sur la naissance de leurs enfans. En effet, quel inconvénient y auroit-il pour les religions respectives, à ce que tout père, accompagné de l'Accoucheuse & de deux parens, fût, au jour de la naissance de ses enfans, obligé de les présenter au Curé qui en dresseroit l'acte suivant ?

Aujourd'hui est comparu devant Nous Isaac Bender, Habitant de Metz, Juif de nation, accompagné de Radith accoucheuse, ensemble de Jacob & Nathan Bender ses parens, tous habitans de la même ville, lequel Isaac nous a dit que sa femme Sarai étoit cejourd'hui, vingt-neuf Janvier mil sept cent quatre-vingt-huit, accouchée d'un enfant mâle, qu'il a nommé & nomme Samuel Bender. Ledit Isaac nous a présenté cet enfant en présence des susdits parens & accoucheuse, lesquels nous ont certifié ledit fait véritable, & ont signé avec nous, (ou ont déclaré ne savoir signer).

Certainement les Curés, en recevant une telle déclaration, n'auroient à se reprocher ni de profaner les Sacremens, ni de communiquer avec les infidèles, ni de leur accorder la participation des choses saintes, ils auroient au contraire à se féliciter d'avoir pourvu à la sûreté publique, ainsi qu'à l'intérêt général & particulier. Je crois l'avoir prouvé.

Moyens de faire constater par les Curés la naissance des Infidèles ou des Protestans.

Il faut également distinguer dans le mariage le sacrement, de l'acte civil d'union: un Curé en recevant au pied des autels le serment des futurs époux, en les unissant par un lien indissoluble, & en leur donnant la bénédiction nuptiale, forme le sacrement de mariage & confere le signe sensible qui doit unir & sanctifier les époux.

Mais en publiant les bans du mariage, en avertissant tous les citoyens qu'ils sont obligés de faire les oppositions légitimes, en recevant ces oppositions ou en certifiant qu'il n'y en a eu aucune, en inscrivant enfin sur ses registres l'acte de célébration du mariage, un Curé exerce un ministère absolument dépendant de la législation civile. Il seroit donc à desirer qu'aucun mariage ne pût être valide sans l'accomplissement des conditions suivantes :

1°. D'une publication de bans faite dans les Eglises paroissiales des parties.

2°. Du certificat du Curé qu'il n'y a eu aucune opposition, ou que lesdites oppositions sont levées.

3°. De l'acte de célébration de mariage fait par le Ministre de la religion des parties.

4°. De la présentation dans les trois jours de cet acte au Curé, & de l'inscription sur ses registres signée par les époux & quatre de leur plus proches parens ; le tout à peine de nullité & de poursuites extaordinaires s'il y a lieu.

La Loi, en chargeant le Curé de l'exécution des formalités préalables & de la conservation d'un acte qui intéresse si essentiellerneut l'ordre civil, préviendroit une multiplicité d'abus ; &, je ne saurois trop le répéter, réuniroit dans un même dépôt les preuves de l'état de tous les citoyens. Les Curés, en étendant leur sollicitude pastorale sur tous les actes de mariages indistinctement, montreroient que, comme le soleil, &

à l'exemple de J. C., ils versent également leurs lumières bienfaisantes sur le juste & l'injuste; ils auroient aussi la satisfaction si douce de remplir un des vœux sans doute le plus cher à leur cœur, celui de contribuer à l'union des familles.

Moyen de faire constater par les Curés la mort des Protestans.

Je n'ai pas besoin d'observer qu'il ne faut point confondre l'inhumation avec l'acte qui doit en être dressé. Dans ce dernier procédé, le Curé exerce un ministere purement civil, auquel il me semble que tous les citoyens devroient être également soumis.

L'intérêt de tous les ordres de l'Etat sollicite donc une loi qui ordonneroit :

1°. Que nulle personne ne seroit enterrée sans l'attache du Curé, attache qui ne pourroit être refusée qu'en cas de soupçon d'une mort violente (*a*).

2°. Que dans les trois jours de l'enterrement, deux des parens du défunt seroient tenus de se transporter chez le Curé, de lui certifier la mort & l'enterrement du défunt, de laquelle déclaration il seroit dressé acte, qui seroit signé

(*a*) Ou sans la permission du Juge en cas de refus de la part du Curé.

par le Curé & les susdits parens, ou, suivant l'Ordonnance, il seroit fait mention qu'ils ne savent pas signer.

Telles seroient les sages précautions que je croirois nécessaires pour constater les naissances, mariages & sépultures de toutes les personnes qui résident en France, précautions qui auroient au moins l'avantage de réunir dans les circonstances les plus essentielles tous les citoyens sous la jurisdiction gracieuse du même Pasteur.

Mais, dira quelqu'un, *les Rabbins ou les Ministres Protestans pourroient recevoir, rédiger & déposer au Greffe ces différens actes. L'intervention d'un Curé est donc absolument inutile.*

Cette objection seroit juste si les Protestans & les Juifs avoient toujours dans le lieu de leur domicile des Ministres de leur religion? mais combien de villes où il n'y a que peu de Juifs, qu'un petit nombre de familles Protestantes: Qui constatera la naissance de leurs enfans? Le Juge, Soit. Mais où seront déposés les actes de mariage des Protestans ou des Juifs qui n'auront point de Ministre dans l'endroit de leur résidence?

On sent bien qu'alors ils se transporteront dans une autre ville, dans une autre

Province, les circonſtances décideront du choix de l'endroit; & quand même l'acte de mariage devroit encore être dépoſé dans les archives du Juge, le moindre inconvénient qui puiſſe réſulter de l'incertitude du lieu de ce dépôt, c'eſt que les titres qui aſſureront l'état des Proteſtans ſoient diſperſés dans le royaume ; c'eſt que des orphelins qui ignoreront le lieu de la célébration du mariage de leurs auteurs, feront peut-être d'inutiles ou au moins de très diſpendieuſes recherches pour conſtater leur filiation; c'eſt qu'enfin, les Catholiques qui auront quelques prétentions ſur la ſucceſſion d'un Proteſtant, ſeront encore plus embarraſſés pour trouver des preuves de leur parenté.

Mais que ces différentes preuves ſoient remiſes dans les regiſtres du Curé de chaque paroiſſe, dès-lors tous les titres de l'état des citoyens auront un dépôt certain & des minutes inaltérables.

Je prévois une autre objection. *Les Curés ne recevront, ne rédigeront pas ces différens actes ſans frais.*

Non ſans doute. Mais ces frais ſeront auſſi médiocres que légitimes ; mais en les payant, les Proteſtans pourvoiront à leur propre ſûreté ; mais ils ne ſauroient regretter une légere dépense qui ne sera qu'un foible dédommagement d'un travail nécessaire.

Il est un si grand nombre d'Abbés qui le disputent aux financiers par leur faste, aux petites maîtresses par leur élégance, aux Sibarites par leur mollesse, aux Moines par leur inutilité, & qui néanmoins vivent dans l'opulence.

Il seroit bien juste que des Curés qui seuls portent le poids du jour, qui seuls avec les Evêques sont les successeurs des Apôtres, les coopérateurs de l'œuvre publique, les Ministres essentiels de l'Eglise, les Magistrats spirituels, les véritables Prélats de leur paroisse; il seroit bien juste que ces Pasteurs communs des Catholiques & des Protéstans trouvassent enfin dans l'accomplissement de leur devoir une juste rétrition qui les mît en état de vivre honorablement.

P. S. Que dirai-je de l'union des Epoux Catholiques & Protestans? que cette union devroit être, ou par la loi déclarée nulle, ou faite par les seuls Curés si elle est permise, & il semble qu'elle devroit l'être, puisque S. Paul décide que l'Epoux fidele sanctifie la femme infidelle.

PROJET D'UNE LOI

Pour constater la Naissance, le Mariage & la Mort des Protestans ou des Infideles.

ARTICLE PREMIER.

Tous les Curés des Paroisses de notre Royaume seront tenus de tenir trois registres pour constater les naissances, mariages & sépultures de nos Sujets qui ne seront pas de la Religion Catholique.

ART. II.

Il y aura une double minute de chacun de ces registres.

ART. III.

Ces registres seront tenus, cotés & paraphés suivant les formes prescrites par Ordonnance de 1767, & la Déclaration du 9 Avril 1736.

ART. IV.

Une des minutes de chacun de ces registres sera déposée dans les Greffes des Bailliages Royaux ressortissans nuement à nos Cours de Parlement.

ART. V.

Les Curés seront tenus d'inscrire sur les susdits registres les déclarations qui leur seront faites par nos Sujets Protestans ou Infideles concernant leur mariages, la naissance de leurs enfans, ou la sépulture de leur parent, & d'en donner des extraits lorsqu'ils en seront requis.

TITRE PREMIER.

Des Batêmes.

ART. VI.

Aussi-tôt après la naissance d'un enfant issu de peres & meres non Catholiques, trois de ses parens, amis ou voisins accompagnés de l'accoucheuse, seront obligés de se transporter chez le Curé, de lui présenter l'enfant, de lui déclarer le lieu & le jour de sa naissance, le nom qui lui a été donné, & celui de ses pere & mere.

ART. VII.

Le Curé recevra cette déclaration, & en dressera acte qu'il inscrira sur les deux registres destinés à cet effet.

ART. VIII.

Ledit acte sera signé tant par le Curé que les parens, amis ou voisins & accoucheuse, sinon il sera fait mention qu'ils ne savent pas signer.

ART. IX.

Il sera payé au Curé pour les frais dudit acte six francs par les personnes riches, trois livres par celles qui sont aisées, & vingt-quatre sols par les artisans ou laboureurs, néanmoins les Curés ne pourront exiger des bourgeois que la somme de trois livres.

ART. X.

Les Curés ne pourront rien exiger des personnes pauvres, & seront réputés pauvres ceux qui ne paient pas trente livres de toute imposition.

ART. XI.

Tout enfant dont l'acte natal n'aura point été inscrit sur les registres des Curés, ne pourra être réputé légitime; sauf à lui à se pourvoir, ainsi que de droit, pour faire réintégrer sur lesdits registres l'acte de sa naissance.

TITRE II.

Des Mariages.

ART. XII.

Il ne pourra être procédé à la célébration d'aucun mariage de nos Sujets non Catholiques, sans une publication préalable de bans faite dans l'Eglise Paroissiale des Parties, & sans un certificat signé du Curé ou de son Vicaire, qu'il n'y a eu aucunes oppositions, ou qu'elles sont levées.

ART. XIII.

Les oppoſitions audit mariage ne ſeront faites qu'entre les mains du Curé ; & c'eſt à lui ſeul que pourra être notifiée la main-levée deſdites oppoſitions.

ART. XIV.

Lorſque nos Sujets non-Catholiques auront obtenu du Curé de leur paroiſſe le certificat de publication de Bans, ils pourront ſe retirer par-devant le Miniſtre de leur Religion, pour être procédé par lui à l'acte de célébration de mariage.

ART. XV.

Les Epoux, dans les trois jours qui ſuivront la célébration de leur mariage, ou le retour dans leur domicile s'ils avoient été ſe marier dans une ville éloignée, ſeront tenus de ſe tranſporter chez le Curé, & de lui préſenter l'acte de célébration de leur mariage.

ART. XVI.

Le Curé inſcrira ledit acte ſur les regiſtres deſtinés à cet effet, & il dreſſera acte, tant de la déclaration des Epoux que de ladite Inſcription. Ce dernier acte ſera ſigné par le Curé, les Epoux, & quatre de leurs parens, amis ou voiſins ; ſinon il ſera fait mention qu'ils ne ſavent ſigner.

ART. XVII.

En cas de mort ou d'abſence néceſſaire d'un ou des deux époux, l'acte de mariage ſera ſeulement préſenté par leurs parens, le tout conformément à l'article précédent.

ART. XVIII.

Il ſera payé au Curé, tant pour la publication des Bans que pour l'inſcription ſur ſes regiſtres, 24 liv. par les perſonnes riches, 12 liv. par celles qui ſont aiſées, 3 liv. par les Artiſans ou Laboureurs. Le Curé néanmoins ne pourra demander que la ſomme de 12 liv. aux Bourgeois, & il ne pourra rien exiger des pauvres.

ART. XIX.

Nul mariage ne pourra être réputé valide ſans l'obi

fervation des formalités ci-deffus prefcrites.

ART. XX.

Les Curés ne pourront fous aucun prétexte refufer de faire la publication des Bans, d'en donner le certificat, & d'infcrire fur leurs regiftres les actes de célébration de mariage.

TITRE III.

Des Sépultures.

ART. XXI.

Nos Sujets non-Catholiques feront tenus de donner avis au Curé de la mort de leurs parens ou voifins qui feront de la même Religion qu'eux, & de lui demander la permiffion de les faire enterrer.

ART. XXII.

Auffi-tôt que le Curé fera affuré que la mort a été naturelle, il fera tenu de donner la permiffion de les enterrer, finon il y fera pourvu par les Juges des lieux.

ART. XXIII.

Immédiatement après que cette permiffion aura été obtenue, nos Sujets non-Catholiques pourront être enterrés dans les lieux deftinés à leur fépulture.

ART. XXIV.

Dans les trois jours qui fuivront l'enterrement, deux des parens ou voifins du défunt feront tenus de fe préfenter chez le Curé, & de lui faire leur déclaration concernant la mort & la fépulture du Défunt.

ART. XXV.

Le Curé dreffera acte de cette déclaration, & cet acte fera figné tant de lui que des fufdits parens ou voifins, finon il fera fait mention qu'ils ne favent pas figner.

ART. XXVI.

Les Curés auront pour les actes de fépulture les mêmes honoraires que pour les actes de naiffance.

www.ingramcontent.com/pod-product-compliance
Lightning Source LLC
LaVergne TN
LVHW020456230826
846091LV00008BA/3240